AF281408

JUAN BARRENO VILLAR

EL BOSQUE DEL SILENCIO

(2017-2025)

© Juan Barreno Villar- *El bosque del silencio*

© Editorial La Rueca

www.editoriallarueca.com

Primera edición: octubre 2025

ISBN: 979-13-87525-40-8

Depósito Legal: M-18622-2025

Impreso en Madrid - España - UNIÓN EUROPEA

A Enrique Rull

PROLOGUILLO

Hay libros que necesitan del romanticismo que destilan algunas personas o viceversa. Aquellas que testarudas a cambiar el papel, la pluma, el bolígrafo por la tableta, por el ordenador. Soy una de esas en esencia. Se me ocurre que este libro, sin ir más allá, sin ir más lejos, nacido en las profundas grutas de mi alma, en momentos únicos, en que por una predisposición inexplicable brotan poemas fermentados, añejos como un buen vino o buen queso, buscará su sitio, como lo han hecho los anteriores. Y no en un estante, compitiendo contra otros libros, de esbeltos lomos y encuadernaciones ostentosas, de cualquier biblioteca, de pueblo o ciudad, lugar póstumo; porque este libro no ha nacido para competir contra nada ni contra nadie. Ha nacido para hacerte compañía cuando tu alma lo necesite y lo dicte. Ha nacido para estar en la mesilla que hay al lado de tu cama. Santuario de emociones a que aferrarse cuando te vayas a acostar, o te desveles por cualquier motivo. Hay personas, muchas y espero que la gran mayoría, aunque son situaciones susceptibles y de difícil comprensión si no se halla el momento preciso para meditar, que necesitan del romanticismo y sobre todo del que emite un libro. Siempre, el mejor ejemplo sería la belleza de la perfección de la muerte efímera, que es en sí el otoño, cargada de nostalgia, del romanticismo que todos inevitablemente antes o después necesitamos.

Todo hombre tiene algo de poeta
unas veces no lo descubre
otras no lo quiere ver
aunque una vena de su alma se rompa
pero esta lluvia de hoy
llega para hacerle recordar.

La Mirada Interior.

J.B.V.

HORAS CALLADAS

Busco en lo amargo
la dulzura que algunas
situaciones tienen
la soledad de la multitud
la luz en ojos
la resurrección en la boca
la verdad sencilla
en la compleja mentira

Busco la paz en la guerra
el silencio en el tumulto

Busco el color en el luto
la palabra en la roca
la ilusión en las nubes
la senda en el mar
el tiempo en las "horas calladas"
y sobre todo
la esperanza en el hombre.

INMORTALES

Son aquellos que gozan del tiempo
futuro concedido,
viven siglos sin la clásica fatiga de material,
—con pactos de difícil comprensión—,
sin la angustia de la muerte certera
que merma nuestras condiciones.

(Pequeños dioses nosotros
que sabemos hacia donde nos encaminamos).

Protagonistas de sagas
que tal vez causen envidias.

Inmortales, no son aquellos recluidos
a ceniza, nicho, tumba o mausoleo;
las pirámides están para otros menesteres.

Aquellos, en realidad, viven en nosotros
circundan nuestra alma
sirven de alimento espiritual
y viven eternamente.

Forman parte de nuestra felicidad,
y de otros asuntos que digamos causan dolor.
Ellos, y sólo ellos, saben a quienes me refiero.

ENAJENACIÓN

Dónde el abismo insaciable
sobre qué frágiles cimientos
arenas movedizas
para que la mente se sumerja
donde no retornar
y ya nunca
volver a ser el mismo.

Dónde la línea frágil
entre cordura y locura.
Qué sable de luz desenvainado hiere,
tensa y oscila la cuerda que rasga
con uña infecta el instrumento.

LA VIDA ES OTRO ASUNTO

Si todo fuese como una donación
de sangre o perder unos kilos,
pero la vida es otro asunto
que no se regenera como la sangre o el peso.

Más allá de estas cavilaciones
espontáneas que asaltan
sin duda hay tiempo para todo.
Para amar,
para sentir,
dejar tras nuestras pisadas,
estela de nuestra personalidad,
herencia que recogerán nuestros descendientes.

AMBIGÜEDAD

Me equivoqué;
pensaba que los muertos tienen voz
mera excusa para uno mismo;
la muerte es silencio
por mucho que en ocasiones brame.

La voz de los muertos es clara,
transparente, cristalina que se detecta
entre las leves fisuras del espíritu,
bien es cierto que la voz
de los que están tras la puerta del misterio
montes y edificios derruye,
bosques incendia.

La voz de los muertos viaja
sobre la gleba de una ola,
solo la escuchan clara, concisa,
los que estamos a cada lado del espejo
donde el silencio siempre es puro.

OLVIDO

Una forma de muerte natural
que llega a nosotros
e invade nuestro recuerdo.

Espías infiltrados
en la memoria barren
nuestras calles.

Yacimiento de carcoma
que desola
en el más absoluto silencio.

Donde la música está aún por llegar.

EN EL EXILIO

La muerte, tal y como la conocemos ¿es un exilio,
no una idea práctica o platónica para desaparecer?
No una excomunión a un país remoto
a un planeta ingrávido carente de horóscopos.
Un paso en el vacío que separa
temporalmente a los seres queridos.

Almas en angustia se acercan
por diferentes caminos.
Mas, más allá, el tiempo no cuenta.

No es necesario llevar reloj en la muñeca
o el móvil bien cargado.
Sólo se reciben mensajes
a través del espíritu, besos, aliento, deseos.

Las compañías de telefonía están intentando
instalar repetidores, pero ante el cúmulo
de fracasos, infructuoso asunto, han desistido.
Siempre apagado o fuera de cobertura.

Solo el pensamiento, la necesidad;
respiración, hálitos, sueño, añoranzas
por los seres amados
emite ondas que se pueden recibir.

SANGRE SALADA

Quién dijo:
—"de nada sirve
hundir la espada
hasta la empuñadura
en la mar".

La mar
también sangra.
Una brecha
de esperanza se abre
en la sangre salada.

Quién dijo:
—el mar no siente,
si siente la necesidad
de alimentarse con almas.

SENTIMIENTO HUMANO

No me avergüenza decir
que he llorado, cuando he llorado
por historias de insólito final
y que al alma arrinconan.

Reconocer la débil debilidad,
—sentimiento humano—,
la frágil fragilidad, la emoción
ante un acontecimiento;
una noticia mala, una buena noticia...

No me avergüenza sentir;
las venas del alma rotas
—esparciendo poemas—
donde nace el mundo mágico del poeta.

¡Una poema es una nodriza que te adopta!

EL BOSQUE SALADO

Bien. No puede ser de otra forma.
Un mar de paz se ha apoderado de todo.
Un bosque salado se respira.
Alveolos impregnados en salitre
(desdicha y felicidad).
Ya pasaron aquellos,
atrás quedan, años de niñez
y adolescencia, días de marejada,
mar feroz que azotaba
las costas de mi cuerpo, de mi mente
y dejaba la carne en mis costillas
en mi alma, a la fría indiferencia
de la intemperie. Ya pasó
aquel oleaje rudo que rompía embarcaciones
y sembraba motines a bordo;
discordia en el propio ser.
Todos acaso hemos tenido un mar
así, dentro, salvaje, indómito,
por eso sabéis de qué hablo.
Ya pasó, sin duda ya pasó
aquella tempestad para dar paso
a este mar nuevo, azul y terso
que impregna todo de serenidad.

OJOS

El vacío, la Nada espera
como quien espera a la muerte.
Montañas a lo lejos
esperan impacientes nieve,
impregnadas por el malva
del brezo que la esperanza ofrece.
Como la oscuridad espera
un rayo de esperanza leve.

El vacío espera
unos ojos que miren firme,
desafiando y al frente
y deshagan el hechizo
que con ese nombre
le condenaron para siempre.

LA MANO DEL SOL

Solo
la mano que extiende el sol
tiene facultad para retornar del letargo
descongelar cuerpos
dormidos en añoranza
dar tibieza a días gélidos
rodeados de amargos recuerdos
sentirla amiga cálida
desde tan lejos desde tan alto
solo ella es capaz de quemar
en días grises esparcidos en paraguas
en que la niebla es invasión
solo ella es capaz de empujar
de hacerte seguir adelante;
el calor del sol es tu aliado mujer
Él te comprende como nadie

(el sol quema con fuego
como un dios violento
mientras los hombres
siguen obstinados en desobedecer).

ALUMBRAMIENTO

Salí
desnudo a la noche
como todos, aún los más afortunados
así llegaron antes de ser envueltos en seda.
A bucear, entre la niebla una brizna
de mar, arrullo único e irrepetible
que solo en noche negra, silenciosa y mágica
se forma, como alineación de planetas
insólita, para romper el silencio
con el llanto del recién llegado.

ORFANDAD

Iba alegre en mi camino
porque tú me llevabas de la mano,
los peligros ante tu pisada firme
se apartaban.

Pero pasaron los años
y decidiste soltarme
o fue un golpe de mar
o fortuito de viento
o la muerte imprevista
y yo solo no sé andar.

Los caminos sin ti se estrechan
las sendas en círculos se cierran
como la de casi todos los hombres
al final de su existencia.

A la deriva, sediento de ti
la realidad dura y sabia
intenta distraer la atención
posándose en otros asuntos
banales de insípida trascendencia.

(El viento en días como hoy,
especialmente tristes por la fiereza
con que el ocaso terco con el dolor
azota y no da tregua, saca ladridos
de las copas de los árboles
exiliando la tibieza de la soledad
ahuyentado la paz).

HAMELÍN

El hombre
busca en la ladera del silencio
una puerta, sabedor
que posee la llave para abrir
el camino hacia la soledad
que le permita reencontrarse
después de tanto tiempo consigo mismo.

Su otro yo perdido;
ese que todos poseemos sin tener
certera conciencia,
laberinto sin salida,
antiguas catacumbas que todos imaginamos.
Desatendido llama. Llamada
débil, susurro de voz.
Eco que se pierde en galerías
desprovistas de antorchas.
¡Hay veces que en la oscuridad
todo es más nítido!

Por la puerta de la soledad
que la ladera del silencio a todos ofrece
salen hombres, mujeres, personas
con un nuevo color de piel
con un un nuevo aroma que les envuelve
una aureola, una nueva voz, un brillo nuevo en los ojos...

INVERSIÓN ANÁSTROFE

Casas, rascacielos, montañas
cipreses, barrancos insólitos
la soledad insatisfecha de hombre
fueron descendiendo poco a poco
como pergaminos o persianas
que se iban desenrollando
para, desde las nubes, bajar
al suelo, a la tierra, y tomar forma.

¡Escaleras escondidas en rincones
inverosímiles te hacen subir al cielo!

LA HUIDA

Tras el retumbar de la puerta, el temblor de los tabiques,
se vino abajo, el mundo sostenido,
como los cuadros de aquellas paredes.

¡Sólo hay un golpe que dos mundos separa!

La puerta, como una espada envainada, cerca la luz
al aposento, y en la oscuridad, desordenados los recuerdos
heridos por el filo abandonado, en el suelo buscan su orden,
su lugar en la maleta.

La puerta, como una guillotina hace estremecer la sangre
con su eco. Acaso la fatiga, mala consejera siempre,
nos envía a otros senderos donde la brújula desimantada
o agotada de tantos vaivenes,
nos lleva a lugares insospechados.

Cuántas veces intentó dejar atrás aquella vida
que más que placer producía tormento,
porque el ser humano casi nunca está satisfecho
con su futuro cuando al final lo tiene entre sus manos.

Cuántas veces, pero la incertidumbre ante lo desconocido
le hacía desechar aquella idea.
Salió de la casa con el monedero
lleno de ilusiones y el bolso repleto de lágrimas.

En el supermercado seguía fraguando su plan,
como en tantas ocasiones mientras el carro de la compra
se llenaba de alimentos de primera necesidad y el alma
con sus venas rotas se vaciaba en la angustia. La sombra
de la duda crecía como una tarde precipitada a un abismo,
sin reloj que la contenga, mientras en los pasillos saludaba
a conocidos y extraños y planeaba de nuevo sobre su
                                        [conciencia.

La soledad deseada e insatisfecha era lo único
que ahora necesitaba para ser feliz a su manera.

De regreso con las bolsas llenas y vacías de ilusiones,
retumbaba de nuevo como una mortaja el golpe
de la puerta en su alma. Abrió la puerta y, como
en tantas otras ocasiones, sintió que abría su propia celda.

La casa seguía en silencio guardando como un muerto su
                                        [secreto,
ajena a todo. Las camas vacías y llenas de polvo del olvido,
de los chicos, delataban la ausencia y una leve falsa soledad
se adueñaba de todo.

SPLEEN

Por qué cuando nuestros ojos,
nuestras miradas se encontraron
entre la multitud, nos pusimos rojos.

Por qué todos sonreímos alguna vez
cuando una mirada tierna
desvelaba horizontes imaginados.

Por qué todos alguna vez
echamos de menos a alguien
sin que nos llame más que un vacío
interno llamado añoranza.

Todos alguna vez
pusimos el alma de la esperanza
porque siempre afirmamos
que es lo último que se pierde.

Todos alguna vez
decidimos retomar aquello
por si el fracaso era algo ajeno a nosotros.

Por qué no te di un beso
cuando cerraste los ojos...

ENTRE DOS FECHAS MARCADAS

Nuestro propio calendario
ajeno al paso del tiempo y estaciones
entre dos fechas marcadas a fuego.

La fecha de nuestro alumbramiento;
casi nadie está en consonancia con ella.
Si pudiera elegir...
Aciago destino que implantas cumpleaños.

Más adelante la fecha del punto final
la de nuestro aniversario
que quizá unos se empeñen en resaltar.

Entre dos fechas marcadas la vida discurre
como viento en "El bosque del silencio"
disipando dudas existenciales.

Entre dos fechas marcadas
nuestro río circula llevando rabiones y remansos,
yéndose y quedando al mismo tiempo.

LAS DIEZ Y NO AMANECE

Como si entre mis pasos se paseaba la muerte
Julia de Burgos

Se han aliado los elementos.
Las diez y no amanece.
Día nublado y de agua
se extiende a lo lejos. Las persianas
de mis ojos en huelga, ¿qué pasa?
¡Las diez y no amanece!

No amanece y unas tinieblas
indeseadas aparcan en la puerta.
Limusina a la que nadie quiere subir.

Sólo mi abstracta desnudez brilla
con luz propia. Soy joven aún,
eso pienso. Al otro lado, la verdad
más que cruel es severa,
aún no comprendo bien lo que pasa.

EL AMOR OCUPA MUCHO ESPACIO

Lo que nos vamos a llevar entra en el bolsillo
no es que lo diga yo. El bolsillo
del pantalón de todo hombre es inmenso
y en él entran: distintos cielos, amaneceres
y quebradizas puestas de sol.
Sitio para planetas y estrellas fugaces también.
Días de lluvia de que tanto gusto
y de sol y playa que tanto disfrutas.

El amor ocupa mucho espacio,
en tiempos modernos se mide en gigas, creo,
y sobre todo está en primera fila.

Prefiero pensar a veces en lo que dejo.
Triste por naturaleza, dejo una sonrisa sincera
en alianza con un puñado de lágrimas
y una montaña de poemas desordenados.

Dejo en un cajón mi sombra, custodiada
por una nube alegre de eterna sonrisa.

Agosto 2018

QUÉ IBA A DECIR YO ANTE TANTA GRANDEZA

Para Amelia

Yo estaba callado frente al mar
donde tantos caminos confluyen
donde tantos caminos se abren
donde tantos caminos abocan.

Qué iba a decir yo ante tanta grandeza
ante tanta belleza
ante tanta solemnidad y melancolía.

Yo estaba sentado en la orilla
mientras mullía arena con mis glúteos
y daba forma a un trono efímero.

Cada ola traía en sus venas azules
mensajes indescifrables para un ser
de tan frágil calado, como tú, como yo.

(El rumor de las olas al desvanecerse
en la playa acercaba la voz
envuelta en el papel de la añoranza
de alguien conocido
perdido en la distancia).

Un lenguaje parco en palabras desató una tormenta.

Playa de la Concha. San Sebastián
septiembre 2018

DESPEDIDA

Pájaros se fueron migrando a otro lugar.

J.B.V.

Deja que desfallezca.
Que acerque el horizonte
insumiso a mis pisadas.
Descansar en la noche
después de tanta contienda.
Déjame respirar sin oxígeno
que los días se consuman en la indiferencia;
y aunque no regrese
y no pueda contar batallas,
historias vividas en aquella penitencia
aunque no vea la luz de otros ojos.

Quiero partir. Quiero partir.
Las sombrillas que abren y cierran mis ojos
están cansadas de tanto volar;
a donde otros partieron.

La voz que llama a la conciencia
tendrá su reposo, su recompensa.
Seguiré escribiendo poemas
para las estrellas que habitan,
en el mar, en el cielo.

MANANTIAL

Un poema
    borbotón
        de sangre
por la aorta
    que comunica
        el cuerpo

con el alma
    esencia en el principio
        en el fin

POCA COSA

Fue después de una maniobra arriesgada. Un alarde de virtuosismo. Poca cosa aquello. Se hizo el silencio cuando los dos espejos chocaron entre sí y se deshicieron. El silencio topó todo, la radio, el ruido angustioso del motor, nuestras conversaciones intrascendentes. El silencio fue tregua en nuestras vidas en ese instante en que volvimos a nacer.

Un aura amniótico envolvió el habitáculo. Íbamos a Santiago; Rafa, Emilín y yo y fue bajando El Manzanal. Paso ahora con frecuencia por esa NVI en desuso. Casualidades de la vida que son muchas. Conozco el tramo como una senda que recorre el ganado de memoria, en que un Dos Caballos adelantaba a un Pegaso. Nosotros bajamos, se diría, al infierno. Un volantazo desesperado, afán sin duda de supervivencia, y el Talbot se salió de la carretera.

A cien por hora tu vida pasa como un poste fijo desde la ventanilla de un Expreso. Evitamos el choque frontal. Un pretil indiferente a emociones se interponía entre nosotros y el futuro de un abismo cercano. Otro volantazo después de sentir la violencia de la cuneta sobre nuestros cuerpos nos hizo incorporamos de nuevo al asfalto.

El coche iba solo. Solté el volante. Las manos ensangrentadas por la presión. El silencio se hizo eterno como cualquier dictadura. Santiago nos esperaba.

Tras un espacio de tiempo insostenible ni acotable, porque no hay reloj que cuente los minutos de los muertos, saltó la chispa de la carcajada. Incomprensiblemente reímos al unísono sin previo acuerdo. Será el síntoma de volver de una muerte anunciada. Cuando nacemos, lloramos. Cuando resucitamos, reímos.

Luego volvió la calma. El ritmo monótono del motor. El silencio es paciente como el humus. El silencio es fortaleza. Más fuerte que todos los alardes del hombre por hacer ruido.

VOZ DE AÑOS PERDIDOS

No hay donde dirigirse.
El camino cercado
y tantas ortigas causan escozor.
La soledad, insatisfecha siempre, fragua
en el crisol del día donde cada
hora desarticulada suma
más de 60 minutos, alocadamente
en la noche, ya de todo se apodera.

Esa voz es eco de años perdidos
conciencia que clama,
que busca su origen, a donde volver

El eco es tu voz:
de roca en roca,
de ladera en ladera,
de puerta en puerta,
desesperadamente
buscando ciego, la garganta, la voz
que le dio la vida.

DOLOR ADORMECIDO

Solo las estrellas se reflejan
en las lágrimas como aljofares o flores
porque todo hombre que se precie
llora; felicidad o tristeza,
y se evaporan en un día
cálido o en un sueño
alfombra que el futuro extiende.

Un sentimiento de culpabilidad invade,
una sensación de liberación adviene.

En la profundidad que la penumbra ofrece
queda la percepción del dolor adormecido.

EN PRIMERA PERSONA

Voy caminando desnudo
en el anonimato que la noche ofrece.
La vergüenza de la oscuridad
junto a la mía disipan el rubor.
Una mano fría tiende su silencio
mientras la noche avanza
sobre la mía siempre cálida. Nada.
Nada nos detiene.

Hablamos. El silencio
es nuestro mejor aliado
porque entre sus ilimitados espacios
no nos sentimos extraños ni incómodos.

La noche ceñida a mi cuerpo
con un traje perfecto, a la altura
de los mejores diseñadores de moda.

La luz nos desnuda. Ella huye
perturbada apresuradamente
por montes y valles hacia un cercano
regreso. Yo...
sigo perdido en su memoria.

ELLA

A Eusebia

Ella volvió
Ella volvió y está presente
Ella fresca en el corazón
Ella, y su lejana muerte.

Ella vive en mí, en nosotros;
a través del tiempo, del recuerdo,
a través de sus enseñanzas
en su voz y su silencio.

PEQUEÑO

Pequeño me sentí ante tanta grandeza.
Las sombras de tus pestañas
que por el cielo navegan
dicen tanto de ti. El aire
que tus cenizas revuelve
y que en el Collado de la Cierva
dejé, bajan. Bajan inagotables;
jirones, glebas descienden, se descuelgan
como tú, a la hora de recogerse
con la última luz del día.

Collado de la Cierva

VEN, CIERRA LOS OJOS

Ven
cierra los ojos
coge mi mano
siente mi aliento
e imagina:

imagina un bosque
colmado en silencio
lleno de mariposas
rebosante
de extrema felicidad.

Donde la sociedad
deja a un lado
el consumo, la hipocresía
y sonríe al saludarse.

Ven
cierra los ojos
coge mi mano
e imagina...

IDÍLICO MAR

Bajando
hacia el mar que siempre
espera, la loma, se suaviza.
Atrás quedaron acantilados insalvables
mientras los años iban cayendo uno tras otro,
sin prisa, sin pausa,
como gotas sopranas de un grifo
mal cerrado o de una manía infecunda.

Cada paso, un paso atrás.
Cada paso, un pensamiento en el péndulo
que mantiene vivo el reloj
que se alimenta de recuerdos.
Bajando hacia el mar, abajo la infancia espera.
¡La vejez es un círculo que se cierra cuando naces!

Las farolas apagadas guían el camino;
a tu paso indeciso se iluminan
y las arrugas en tu piel, en tu alma,
vestigio vivo;
bajando por este bálsamo
se desvanecen poco a poco.

Bajando hacia el mar ya nada importa;
hay un banco en el paseo
con tu nombre grabado en su respaldo
con tu historia tatuada en su asiento.
Son cosas que a todos pasan.

Espera, sin la impaciencia del desesperado,
a la carne que hay dentro de ti
para formar historias nuevas
con viejos y repetidos relatos.

La loma se suaviza consciente de tu condición
y de la fatiga de material que sufre todo hombre
—incluso los más afortunados y portentos—,
mientras los años van cayendo, uno tras otro,
con velocidad uniforme al fondo de la clepsidra.

Bajando hacia el mar,
a esa infancia que te espera
entre olas adornadas de nostalgia
y mareas olvidadas adolescentes.

EN CINCO MINUTOS
DE SILENCIO

Cinco minutos de silencio dan para mucho. Han dado para escribir este libro, compuesto por cientos de minutos agrupados y en esencia separados unos de otros. Cada silencio tiene su momento, su voz, determinado sin duda por nuestro estado. No es igual estar cinco minutos mimetizado con el atardecer que abrazado en el lecho, a la mujer que amas. El silencio del alma sugiere: emociones, paisajes, recuerdos latentes, a la estela de tu vida, recrean, te siguen y adornan. Y sobre todo crecen. Cinco minutos de silencio entre la multitud. En un cementerio, en el momento de la despedida, acompañado de voces conocidas que en el tiempo desfallecieron. Mientras cenizas entrañables buscan nuevos amaneceres. Cinco minutos entre la niebla, bajo la lluvia, entre copos de nieve que al fin han aprendido a volar.

MOMENTOS ESPECIALES

Toma mi verso mujer.
La tinta de mi pluma es mi sangre.
No encontrarás nada semejante
en internet ni centros comerciales.

La luz a través de nubes mágicas
que rasga en sábanas blancas
por donde desciende la esperanza.

Sables bajan a la tierra.

Hay lágrimas de dolor y felicidad.
No es asunto baladí para olvidar.

Deja que los momentos especiales vuelvan
deja que brillen las estrellas.

ESCRIBIR

Escribir
es un impulso necesario.
Epicentro del alma.
Como la muerte necesita
escribir nuestros nombres.
Allá por donde desbocada cabalga.
Qué pena que sea en vías transitadas
en vehículo de toda índole.

El mar nombra, llama a las personas
por su nombre. El cielo siente celos.
Yo, a decir verdad
aún no he decidido donde deseo morir
aunque bien mirado debiera determinar
porque se acerca el momento
porque siento como los años pesan
porque siento como las paredes se estrechan.

MUERTE

Un manjar somos para tu boca.
Ahora que te he descubierto
siento celos, como un novio desquiciado
porque no apartas la vista
de otros seres semejantes a mí.

Me miras con deseo
veo gotear la baba del ansia
y angustia de tu boca
por tu barbilla.
Y tu mirada incendiada
sobre mi cuerpo.

Un día que vigilaba tras la esquina
—¡vigilando a la muerte—!
te sorprendí siguiendo a los demás
enamorada de la vida.

CALLAR ES UN ARTE

En silencio murió la palabra
ahogada en un cuaderno nunca abierto.

Callar es un arte
que no está al alcance de cualquiera.

El silencio habla, traslucido
dice cosas entrañables
que si me atreviese a nombrar
se quebrarían.

Mi pluma habla por mí;
extensión de los pensamientos
y no quiebra la quietud.

¡El hombre, siempre el hombre
rompiendo el equilibrio
buscando su lugar, siempre contra sí mismo!

EL ARTE DE GUARDAR SILENCIO

¡Todos morimos como mueren las flores!
En silencio murió la palabra
ahogada en un cuaderno cerrado.

¡Callar es un arte,
el arte de guardar silencio
cuando el mundo grita,
que no está al alcance de cualquiera!

El silencio de mi voz lo descompone
tu canción de amor mujer
y el rasgar de mi pluma
sobre el papel de estraza.

*　*　*

Nubes de vicios eternos al hombre rodean.
No hay necesidad de aparentar
ser hombre cuando se es hombre.

DESPEDIDA

La voz que revuelve el silencio.
se quiebra en la garganta.

Cuando te despidas
por favor no digas nada.

Guarda en el cofre
del silencio las mejores palabras.

En un beso condensa la despedida
perdida tu voz
¡Que hablen las lágrimas!

EN 1ª PERSONA

Soy Juan
y aunque algo venía en los genes
tengo que decir que me he forjado
a mi mismo. Obstáculos de toda índole
en el camino siempre ha habido.
Nada ha sido fácil.
Cuántas tapias hubo que saltar
impregnadas en vidrios rotos.
Cuántas puertas cerrar y dejar atrás
algo importante. No tiramos muros
ni fuimos dando muerte a nuestro paso.
Más bien al contrario. Levantamos
el ánimo casas derruidas y llegado
el caso nos dejamos castigar.
Quien ofrece la otra mejilla,
las víctimas entregan más amor. El hombre
al final avanza porque es su sino.
Y en su sino está también su misterio.
Y mientras avanza deja atrás abismos
irrellenables aunque camine a la esperanza.

Si,
dijéramos que hemos venido aquí
a hacer algo importante.
Lo cierto es que los días pasan,
y la importancia de los asuntos
importantes se desvanece, se van apagando
por si solas en cualquier rincón de la casa.

Yo, que quería comerme el mundo;
pero mi naturaleza siempre ha sido
de apocada y extrema timidez
aunque eso fue hace muchos años
después, como todos, sucumbí.

SOPLAN OTROS VIENTOS

Soplan otros vientos, lo sé.
Otros vientos soplan, lo sabemos.
Claro está de donde vienen.
Difícil predecir a donde nos dirigen.

La sociedad es un velero
que se maneja de una u otra forma
en días de bonanza o marejada;
abstracta, colectiva, individual.

A dónde nos dirigen las corrientes
de nuevas tecnologías, a dónde.

Ha estado lloviendo toda la noche
lo cual es un ligero conveniente.
Veo y siento la lluvia semejante a la música,
limpia el alma de las impurezas
a las que se ve sometida a diario.

TE ENVÍO UN BESO MENTALMENTE

Salgo
a la calle sin teléfono
como en tiempo de prehistoria
y la verdad es que no pasa nada.

Miro la hora en el reloj de mi muñeca
y una sonrisa emerge de su cara redonda
en forma de gracias.

Quiero saber el tiempo, miro al cielo
limpio y azul. Puro, como no recuerdo
porque últimamente sólo miro hacia abajo.

Pienso en ti. Cierro los ojos e inspiro
y siento latir tu corazón en mi pecho.

Te envío un beso mentalmente
como un esfuerzo sobrehumano, eso sí,
y una mariposa que pasa por aquí
me dice que te lo llevará en persona...

A FUEGO LENTO

La perola de las letras
que forma el abecedario
de las palabras y signos
que forman el lenguaje
puesta a cocer
sobre leños a fuego lento
en la calma
se consumen y sustentan.
El cucharón de madera
para remover el condimento.

Con caña y paciencia
pesca Juan, pesca letras y más letras
para tus versos y poemas.

EL PESO DE
LAS PALABRAS

AUTORRETRATO

Voy a hablar de mí
para decir unas cuantas verdades.
Todo lo que reluce no es oro,
no todo lo que se derrama
son lágrimas y sangre.

Comencé mi singladura allá
por los años sesenta, sin conciencia
plena de vivir. No fui buen estudiante.
Profesor bueno tampoco tuve
del que hacer mención o referencia,
a quien dar las gracias,
cualidad que todos los niños
en edad temprana buscan.

Me fui haciendo a mi mismo.
No lo digo yo, lo dicen
las personas que me conocen, me rodean,
y que para asombro propio, me quieren.

(Hay siempre, como en todo hombre
hueco para vanidades
empero nunca a golpe de mentiras
ni de capar verdades).

Voy a hablaros de mí
ahora que a la angustia mece
la suavidad del viento.

Ahora que comprendo que para avanzar
en este enajenado mundo
y hacer al final del día resumen
y ejercicio de reflexión
hay que ir todos los días a clases
particulares.

Ahora que la inteligencia no sirve
para llenar las alforjas, he descubierto
que para seguir adelante
el sentido común es la asignatura
pendiente más importante.

Ahora que tengo tiempo,
que las flores callan,
que las nubes esperan mi relato,
que el viento y las olas
respetan mi historia.

Lo que soy se lo debo a los años
de experiencia y sobre todo a mi Alma
que redobla firmemente en mi conciencia.

PARA QUE PUEDAS LEER

Para que puedas leer:
escribo palabras que acercan
música que vibra el mar
llenas de amor y vida
remolinos del arroyo
que se pierden sin traducción
—romántico que es uno—,
en El bosque del silencio insospechado
reflejos de nubes
caricias de vientos
que a mi alma llegan
que de mi alma brotan,
para que puedas leer.

REMINISCENCIAS

No sé si quiero
olvidar
porque duele,
o mi alma quiere
que duela
para no olvidar.

¡ALIENTO!

Clamar desesperadamente, en vano
a este dios, que se va, tan distante
y en su estela descubro su semblante
¡Sálvate!, dice, ¡con tu propia mano!

SI LAS PIEDRAS HABLARAN

Si las piedras hablasen
y los hombres callaran.
Pero los hombres hablan
y las piedras callan.

Cuántas verdades ignoradas
saldrían a la superficie
y cuántas mentiras se ahogarían
en el vacío inmenso de la Nada.

Si las piedras hablaran
serían hombre o mujer hechas carne.
Pero las piedras no se cambian, por nada,
por nadie
            testigos impasibles,
ante acontecimientos, mudas.

Alguna lágrima de granito
se desprende ladera abajo.

Otro gallo cantaría
si las piedras hablaran.

Si las piedras hablasen
y los hombres callaran.
Pero los hombres hablan
y las piedras callan.

Sep 2018

OMISIÓN

Callo. Sólo el silencio
comprende mis palabras
en lo más profundo de la desesperación
porque el agua del pozo
se ha espesado y ahora es cieno
palabras que pesan y no pueden ascender.

La noche
aliada de las lágrimas
desnuda consuela
el manantial frágil del dolor.

Las palabras
guardadas en el cofre del silencio
cuando llega la noche salen;
unas volverán a su hogar
otras buscan los labios que le dieron vida.

MEDITACIÓN

Dónde están.
Dónde de su pesar se refugian
las promesas incumplidas.
Cuál su peregrinar.
Hasta cuándo.

Unas, sin importancia descansan
descartada la transcendencia del momento.

Otras, "promesas del alma"
infringidas; del momento
cautivas o errantes.
Abandonadas entre zonas muertas
que se abren entre los paréntesis
que extienden la tristeza y desengaño.

ÁNGELES VENCIDOS

Si pudiera hablarte, Dios mío,
sin perder la esperanza
sin tartamudear ni perder el conocimiento.

Ha pasado medio siglo
y los vestigios de tu reino
ahora en mis manos, en mi alma, en ruinas.

¡Tantos golpes da el ser humano a tu esfinge!
Aunque yo, fiel o ingenuo
he sabido ver en mis semejantes la esperanza.

Hombres buenos lanzados al mundo
a dar que hablar de historias buenas,
a recomponer tu figura.

Dios mío, necesito hablarte
sin perder la esperanza, el sentido...

Tus Ángeles vencidos buscan su lugar.

PALABRAS DESARTICULADAS

Asaltan lágrimas; ¡Abordaje!
a esta embarcación frágil.
—silencio contenido—.
Nada hay que decir.
Palabras desarticuladas
no encuentran salida.

Ya hablan los ojos, semillas del alma;
esencia de todas las emociones.

Vocabulario incomprendido
deja camino al cauce,
unas veces dicha, otras dolor.

¡ESTA MUERTE QUE ES MENTIRA!

¡Cansado de morir me voy a la vida!
Agotado de esta muerte diaria
de este aburrimiento paulatino
de muerte simple sin emoción
que consiste en cerrar los ojos.

Cansado de recoger silencios
y esparcir tumultos.

¡Esta muerte que es mentira!
Cansado me retiro
a descansar en los aposentos
contradictorios que dentro
de la misma muerte hay.

¡Cómo hastía morir todos los días!
Cómo aburre la misma historia de siempre.
Abro la puerta del cautiverio
salgo a la calle agotado de morir
¡me voy a la vida!

UN POEMA LLENO DE SILENCIOS

TENTACIÓN

Estoy pensando dejar esta página en blanco
Tentación a tener en cuenta cuanto menos
Un poema lleno de silencios
aunque las manos no pueden estarse quietas
y van a vías de agua abiertas
en el casco del barco Las palabras
brotan y deshilan costuras y puntadas de silencio
Unas dulces otras como no saladas
El silencio ocupa el mayor espacio
siete partes en blanco por tres de tinta
Una línea en blanco Una idea desfibrilando
un pensamiento que mi lenguaje no puede transcribir
Una palabra perdida en la inmensidad del cielo
que forma esta página
donde brillan las letras las palabras los signos
las lágrimas descomponen los colores del espectro
—adornos del alma—
Una lágrima sobre un papel no provoca

un borrón es una obra de arte
nubes estrellas constelaciones
Siete partes de silencio por tres de tinta.

Fin 18/05/2025

La poesía es la magia de transformar
lo cotidiano en algo especial...

J.B.V.

ÍNDICE

PRÓLOGO 7

HORAS CALLADAS 11

INMORTALES.................................... 12

ENAJENACIÓN 13

LA VIDA ES OTRO ASUNTO 14

AMBIGÜEDAD 15

OLVIDO... 16

EN EL EXILIO.................................... 17

SANGRE SALADA............................. 18

SENTIMIENTO HUMANO................. 19

EL BOSQUE SALADO....................... 20

OJOS.. 21

LA MANO DEL SOL 22

ALUMBRAMIENTO........................... 23

ORFANDAD 24

HAMELÍN 26

INVERSIÓN ANÁSTROFE 27

LA HUIDA 28

SPLEEN 30

ENTRE DOS FECHAS MARCADAS 31

LAS DIEZ Y NO AMANECE 32

EL AMOR OCUPA MUCHO ESPACIO 33

QUÉ IBA A DECIR YO ANTE TANTA GRAN-
DEZA 34

DESPEDIDA 36

MANANTIAL 37

POCA COSA 38

VOZ DE AÑOS PERDIDOS 40

DOLOR ADORMECIDO 41

EN PRIMERA PERSONA 42

ELLA 43

Pequeño 44

VEN, CIERRA LOS OJOS 45

IDÍLICO MAR 46

EN CINCO MINUTOS 49

DE SILENCIO 49

MOMENTOS ESPECIALES 52

ESCRIBIR 53

MUERTE 54

CALLAR ES UN ARTE 55

EL ARTE DE GUARDAR SILENCIO 56

DESPEDIDA 57

EN 1ª PERSONA 58

SOPLAN OTROS VIENTOS 60

TE ENVÍO UN BESO MENTALMENTE 61

A FUEGO LENTO 62

EL PESO DE LAS PALABRAS 63

AUTORRETRATO 65

PARA QUE PUEDAS LEER 67

REMINISCENCIAS 68

¡ALIENTO! 69

SI LAS PIEDRAS HABLARAN 70

OMISIÓN 72

MEDITACIÓN 73

ÁNGELES VENCIDOS 74

PALABRAS DESARTICULADAS 75

¡ESTA MUERTE QUE ES MENTIRA! 76

UN POEMA LLENO DE SILENCIOS 77

TENTACIÓN 77